O Amor
em suas múltiplas formas

João Luiz Correia Jr.
Nilo Ribeiro

O Amor
em suas múltiplas formas

Dados Internacionais de Catalogação na Publicação (CIP)
(Câmara Brasileira do Livro, SP, Brasil)

Correia Júnior, João Luiz
    O amor em suas múltiplas formas / João Luiz Correia Jr., Nilo Ribeiro. – São Paulo : Paulinas, 2013. – (Coleção horizonte)

    ISBN 978-85-356-3453-2

    1. Amor 2. Amor - Aspectos religiosos - Cristianismo 3. Amor - Filosofia 4. Vida cristã I. Ribeiro, Nilo. II. Título. III. Série.

13-01878   CDD-248.4

Índice para catálogo sistemático:
1. Amor : Vida cristã : Cristianismo 248.4

1ª edição – 2013

Direção-geral: *Bernadete Boff*
Editora responsável: *Andréia Schweitzer*
Copidesque: *Mônica Elaine G. S. da Costa*
Coordenação de revisão: *Marina Mendonça*
Revisão: *Equipe Paulinas*
Gerente de produção: *Felício Calegaro Neto*
Assistente de arte: *Ana Karina Rodrigues Caetano*
Capa e diagramação: *Telma Custódio*

Nenhuma parte desta obra poderá ser reproduzida ou transmitida por qualquer forma e/ou quaisquer meios (eletrônico ou mecânico, incluindo fotocópia e gravação) ou arquivada em qualquer sistema ou banco de dados sem permissão escrita da Editora. Direitos reservados.

Paulinas
Rua Dona Inácia Uchoa, 62
04110-020 – São Paulo – SP (Brasil)
Tel.: (11) 2125-3500
http://www.paulinas.org.br – editora@paulinas.com.br
Telemarketing e SAC: 0800-7010081
© Pia Sociedade Filhas de São Paulo – São Paulo, 2013

Prefácio

Buscar o amor das mais diversas maneiras tem ocupado o ser humano: uma busca confusa e desenfreada que, no mais das vezes, o submerge sem que possa em seguida fazê--lo emergir como ser livre, responsável, amado e amante.

As reflexões apresentadas neste livro são valiosas para fazer um trabalho que é, a um tempo, trabalho de discernimento e de reconhecimento. Trabalho de discernimento, pois elas nos permitem distinguir e nomear as diversas formas de amor: amor *agape*, amor *philia*, amor *eros*, amor conjugal, amor parental, amor-companheirismo, amor-cuidado. E, nomeando--as, os autores situam-nas em planos que se complementam. Trata-se igualmente de um trabalho de reconhecimento. Por um lado, falam de experiências que nos são familiares e, por outro lado, explicitando o que é peculiar a cada forma de amor, favorecem a tematização do que é vivenciado.

Dois olhares orientam o leitor às múltiplas formas do amor: o olhar bíblico-teológico e o olhar filosófico.

O olhar bíblico-teológico o conduzirá através do Antigo Testamento, dos relatos evangélicos, das cartas de Paulo, das cartas joaninas, convidando-o a se deixar surpreender pela espontaneidade com que as diferentes formas de amor são neles evocadas. Longe de censurar qualquer uma das formas, estes escritos mostram o lugar que o pensamento bíblico lhes reservou, ancorado na experiência que fizeram os homens.

O olhar filosófico introduzirá o leitor na perspectiva aberta por Emmanuel Levinas, interpelando-o sobre o encontro com a alteridade e desmascarando o desejo de encontrar a si mesmo no outro. Outras contribuições tais como as do pensamento de Paul Ricoeur e, no campo teológico, de Xavier Lacroix serão convocadas no caminho dessa compreensão. A opção dos autores João Luiz e Nilo Ribeiro, trazendo os diferentes olhares, faz do texto que segue uma polifonia.[1] A mesma música poderia ser tocada em solo. Ela é, no entanto, enriquecida pela beleza das vozes graves e agudas, num conjunto harmonioso.

O que dizer ainda sem profanar ou antecipar aquilo que o leitor é convidado a descobrir pessoalmente?

Em todos os tempos os poetas encontraram, encontram e encontrarão versos sem-fim para cantar o amor em suas variadas expressões. Às apalpadelas procuram, balbuciam frases, sempre em busca de expressar, por uma necessidade vital, o inexprimível.

Sem inserir-se na linha da manifestação poética, tampouco sem ignorá-la, a abordagem dos autores leva certamente à compreensão do tema por outro viés, enfatizando ao longo do texto como o amor transfigura e reconfigura o mundo humano.

Ser alcançado pelo amor altera a vida. Confere à própria vida e à do outro uma insuspeita vulnerabilidade que nos torna mais humanos, capazes de uma entrega vivificante: "Mas há a vida que é para ser intensamente vivida, há o amor. Que tem que ser vivido até a última gota. Sem nenhum medo. Não mata".[2]

---

[1] Plurarilidade de sons que se desenvolvem independentemente, dentro da mesma melodia.
[2] LISPECTOR, Clarice. Mas há a vida. In: *A descoberta do mundo*. Rio de Janeiro: Nova Fronteira, 1984. p. 539.

Fica aqui o convite a entrar na dinâmica das reflexões, das considerações que trazem à luz as ambiguidades e a força das múltiplas formas do amor.
Boa leitura!

Maria Abrão
Professora da Universidade Católica de Pernambuco, no curso de Teologia. Defendeu a tese doutoral em Teologia no Centre Sèvres, Faculdades Jesuítas de Paris.

Introdução

São múltiplos os significados que o termo "amor" apresenta na linguagem comum. No dicionário, "amor" é "afeição profunda", "conjunto de fenômenos cerebrais e afetivos que constituem o instinto sexual", "afeto a pessoas ou coisas".[1]

Na vida cotidiana, algumas vezes as pessoas confundem as expressões do amor, tornando os sentimentos confusos, o que atrapalha inclusive as relações nas suas mais variadas formas. Isso pode levar a constrangimentos, ciúmes, vinganças e até a crimes passionais (aqueles motivados por paixões desordenadas)...

É interessante e necessário, portanto, distinguir os mais diversos tipos de amor, a fim de que possam ser expressos de modo equilibrado e adequado a cada pessoa com quem se deve conviver em nosso relacionamento cotidiano, desde a esfera privada, particular e familiar, até a esfera pública, na convivência com os demais.

Assim sendo, apresentamos este singelo texto. Estão contempladas sete expressões do amor, que, longe de esgotar o assunto, pretendem aguçar a curiosidade e a pesquisa sobre o tema, suscitar a reflexão e cultivar o desejo pela vivência do amor em suas múltiplas formas: 1) *agape*

---

[1] BUENO, Francisco da Silveira. *Dicionário Escolar da Língua Portuguesa*. Rio de Janeiro: FAE, 1986, verbete "amor".

(amor incondicional); 2) *philia* (amor amizade); 3) *eros* (amor-desejo pelo outro); 4) amor conjugal; 5) amor parental; 6) amor-companheirismo (coleguismo); 7) amor-cuidado (para consigo mesmo, para com o próximo e para com a vida em sua pluridiversidade).

1

Amor *agape*:
o amor incondicional

O verbo grego *agapan*, do qual deriva o substantivo *agape*, aparece nos escritos do Novo Testamento da Bíblia "para designar a ideia cristã única e original do amor". Também a palavra *charitas* ("caridade" em português) é usada para mostrar o caráter único desse amor, e empregada na maioria das versões da Bíblia para traduzir *agape* e *agapan*.[1]

Os primeiros escritos, presentes no Novo Testamento, que utilizaram *agape* como expressão desse amor incondicional foram as Cartas de Paulo. O apóstolo Paulo era um judeu, natural de Tarso, na Cilícia, com formação na cultura grega e na cultura judaica. Ele provavelmente conhecia o termo hebraico *'ahab*, "amor" em hebraico.[2] Porém, como suas cartas foram escritas originalmente em grego, ele utilizou o termo *agape*, "amor", e *agapan*, "amar", para designar a ideia cristã do "amor por excelência".

Segundo Paulo, *agape* não é um caminho para o seguimento de Jesus, mas constitui "um caminho que ultrapassa a todos" (1Cor 12,31b),[3] ou, noutras palavra, o caminho por excelência para ser percorrido pelos cristãos. O apóstolo

---

[1] MACKENZIE, John L. *Dicionário Bíblico*. São Paulo: Paulinas, 1984. p. 35, verbete "amor".

[2] O termo "amor" em hebraico *'ahab* e seus correlatos são usados numa variedade de contextos, quase os mesmos em que se emprega o termo "amor" nas outras línguas, principalmente anglo-germânicas e neolatinas. Basicamente *'ahab* significa uma afeição voluntária. Ele é usado um tanto impropriamente, como acontece no português e em outras línguas, para exprimir apego a objetos ou a abstrações, podendo estes ser um bem ou um mal. Com o sentido de apego entre as pessoas, o termo é empregado com maior frequência para designar o amor entre os sexos. O termo *'ahab*, tal como acontece no português e em outras línguas, também indica o apego do homem à mulher num sentido mais profundo do que o meramente sexual. O amor assume igualmente a forma de amizade, e os amigos de uma pessoa, em hebraico, são chamados de amantes de tal pessoa (1Sm 18,1; 20,17; 1Rs 5,15). Como conceito teológico, o termo *'ahab* se apresenta qual sentimento recíproco entre Iahweh e Israel (conforme o livro de Oseias). MACKENZIE; op. cit. pp. 34-35, verbete "amor".

[3] Utilizamos ao longo deste livro a tradução da *Bíblia de Jerusalém*. Nova edição, revista e ampliada. São Paulo: Paulus, 2002.

Paulo não define o que é o amor *agape*, do ponto de vista conceitual, abstrato. Mas explicita claramente como vivê-lo na prática cotidiana da relação com o outro e na vida comunitária.

Na relação interpessoal, em 1Cor 13,4-7, o amor *agape* é descrito por meio de uma série de quinze ações vivenciais:

> *O amor agape é paciente,*
> *o amor agape é prestativo,*
> *não é invejoso,*
> *não se ostenta,*
> *não se incha de orgulho.*
> *Nada faz de inconveniente,*
> *não procura o seu próprio interesse,*
> *não se irrita,*
> *não guarda rancor.*
> *Não se alegra com a injustiça,*
> *mas se regozija com a verdade.*
> *Tudo desculpa,*
> *tudo crê,*
> *tudo espera,*
> *tudo suporta.*

Temos aqui, portanto, um leque de atitudes que, embora não defina o que é amor, resume uma série de comportamentos que podem ser chamados virtuosos, todos referentes ao amor *agape*. Aproximamo-nos mais de sua verdadeira identidade, se o compreendermos como perspectiva totalizante e unificante do agir humano.[4] Fica claro, então, como age e como se relaciona com os demais a pessoa que é motivada pelo amor *agape*.

Na relação comunitária, Paulo exorta a comunidade cristã de Roma à prática do amor *agape*. Mas que seja vivi-

---

[4] BARBAGLIO, Giuseppe. *As cartas de Paulo (I)*. São Paulo: Loyola, 1988. p. 333.

do com sinceridade, sem hipocrisia (Rm 12,9). Em carta à comunidade de Filipos, conclama os filipenses a agirem de acordo uns com os outros, "no mesmo amor *agape*, numa só alma, num só pensamento, nada fazendo por competição e vanglória, mas com humildade, julgando cada um os outros superiores a si mesmo, nem cuidando cada um só do que é seu, mas, também, do que é dos outros" (Fl 2,2-4). Conclui dizendo que tenham em si "o mesmo sentimento de Cristo Jesus" (Fl 2,5).

Sem dúvida, para Paulo, Jesus é o paradigma, modelo por excelência para a prática do amor *agape*. Desde que ouviu falar do Mestre, Paulo deve ter-se impressionado com as narrativas sobre o amor incondicional de Jesus.

Por meio do que Jesus fez e ensinou, fica claro que o amor *agape* (que se expressa em gestos concretos, na dimensão ético-relacional) foi o principal ensinamento de sua missão... No diálogo com o homem rico (Mc 10,17-22), o Mestre responde à pergunta sobre o que se deve fazer para tornar-se perfeito ("herdar a vida eterna"). Interessante notar que, ao citar os Mandamentos, Jesus não se reporta ao Primeiro (o Amor a Deus), mas aos Mandamentos que tratam da dimensão do amor visível e real às pessoas: "Não mates, não cometas adultério, não roubes, não levantes falso testemunho, não defraudes ninguém, honra teu pai e tua mãe" (Ex 20,12-16; Dt 5,16-20). Além desses, acrescentou mais um: "Vai, vende o que tens, dá aos pobres e terás um tesouro no céu. Depois vem e segue-me" (Mc 10,21). O jovem se retira "contristado" e "pesaroso", "pois era possuidor de muitos bens" (Mc 10,22).

Embora riqueza e prosperidade, na Literatura Sapiencial, apareçam como sinais da bênção divina, Jesus chama a atenção para o perigo das riquezas, pois, também de acordo com as Sagradas Escrituras, pobreza é consequência do descompromisso com o amor *agape*, concretamente, através da opressão sobre o assalariado, seja de um dos compatriotas, seja dos estrangeiros. Por isso, o Deuteronômio adverte: "Não oprimirás um assalariado pobre, necessitado, seja ele um dos teus irmãos ou um estrangeiro que mora em tua terra, em tua cidade. Pagar-lhe-ás o salário a cada dia, antes que o sol se ponha, porque ele é pobre e disso depende a sua vida. Desse modo, ele não clamará a Iahweh contra ti, e em ti não haverá pecado" (Dt 24,14-15).

É fundamental, portanto, tornar-se próximo de quem foi atacado, violado em sua dignidade e direitos legais, jogado entre a vida e a morte, à margem do caminho, marginalizado. Essa exigência está clara nas entrelinhas da parábola do samaritano (Lc 10,30-35), cuja mensagem consiste em tornar-se próximo de quem necessita, por pura gratuidade, amor incondicional movido de compaixão (Lc 10,33.36-37).

Ao refletir sobre a força regeneradora do amor incondicional, no belo livro *A águia e a galinha: uma metáfora da condição humana*, Leonardo Boff nos presenteou com este belo texto:

> O amor incondicional é aquele amor que, com a palavra expressa, não coloca nenhuma condição para ser vivido. Nem condição de parentesco, de raça, de religião, de ideologia e de trabalho. Ama por amor. Entrega-se à energia universal que cria relações, gera laços, funda comunhão. Vai ao outro e repousa no outro assim como ele é. Sem intenção de retorno e de cobrança. O amor incondicional possui características maternas, tem compaixão por quem fracassou. Recolhe o que se perdeu. E tem misericórdia por quem pecou. Nem inimigo é deixado de fora. Tudo é inserido, abraçado e amado desinteressadamente. Esse amor incondicional é profundamente terapêutico: fortalece quem é assim amado, pois o acompanha e envolve em sua queda, impedindo que esta seja completa e irremissível. Não há quem resista à força do amor incondicional. Por causa dele

tudo é resgatável. Ele rompe sepulturas e transforma a morte em ressurreição.

O amor incondicional põe em movimento um imenso processo de libertação de carências, de opressão e de limitações de toda ordem. Resgata o sistema da vida em suas inter-retro-relações.[5]

Daí por que *agape* exige aproximação, tornar-se próximo de quem necessita, agindo solidariamente (com misericórdia) como consequência de profunda compaixão.[6] Esse amor é tão sublime que é a mais nobre expressão humana do amor divino. Amor que, de algum modo, possibilita ao ser humano fazer a experiência e saborear a essência de Deus, que é Amor. Isso está explícito na literatura joanina (Evangelho de João e Cartas Joaninas).

Em João, Deus é *agape*, e não há outra forma de conhecer a Deus (fazer a experiência de Deus) senão por meio de *agape*: "Aquele que não ama não conheceu a Deus, porque Deus é Amor" (1Jo 4,8). Este amor não é uma mera declaração verbal ou escrita, mas deve ser demonstrado por meio de gestos concretos na vida comunitária: "Filhinhos, não amemos com palavras nem com a língua, mas com ações e em verdade" (1Jo 3,18).

É por meio do amor *agape* que todos conhecerão os verdadeiros discípulos de Jesus. O preceito do amor é um "mandamento novo" pela perfeição a que Jesus o fez atingir: "Dou-vos um mandamento novo: que vos ameis uns aos outros. Como eu vos amei, amai-vos também uns aos

---

[5] BOFF, Leonardo. *A águia e a galinha*; uma metáfora da condição humana. Petrópolis: Vozes, 1997. pp. 131-132.
[6] Segundo Schopenhauer, filósofo alemão do século XIX (1788-1860), "o amor *agape* não é senão compaixão e a compaixão é o conhecimento da dor alheia. Mas a dor alheia é também a dor da própria vontade de vida dividida em si mesma e lutando contra si mesma nas suas manifestações... O amor como compaixão é a percepção da unidade fundamental". Citação de ABBAGNANO, Nicola. *Dicionário de Filosofia*. São Paulo: Mestre Jou, 1970. pp. 42-43, verbete "amor".

outros. Nisso reconhecerão todos que sois meus discípulos se tiverdes amor uns pelos outros" (Jo 13,34-35).

Na Epístola de Judas, que só tem um capítulo, encontramos, no versículo 12, o uso do termo *agapes* para designar as "refeições fraternas", a celebração do amor,[7] da qual devem ficar de fora as pessoas que trilham o caminho do mal, literalmente, "o caminho de Caim" (v. 11). Quer se trate da Eucaristia, quer simplesmente do *"agape"*, ceia que a precede, lembra 1Cor 11,17-22.[8] Nesta passagem que trata da Ceia do Senhor, memória do amor incondicional de Jesus, é fundamental rever a vida, superar as divisões internas (todo tipo de desamor) para participar com dignidade da "celebração do amor": *agape*.

O amor ocupa lugar especial não apenas no pensamento bíblico, mas nos escritos dos poetas e também nos escritos filosóficos, embora poucos tenham, de fato, se debruçado sobre o tema como merecia.

O amor *agape*, independente do caráter bíblico-teológico, significa o amor dedicado a outrem, considerado em sua qualidade fundamental de ser um ser humano e de ser um próximo: é um sentimento sem expectativa de reciprocidade e, de certo modo, independente daquilo que é o amado. Nesse sentido, o filósofo franco-lituano Emmanuel Levinas refere-se ao amor *agápico* como "amor sem erotismo e sem concupiscência" pelo fato de se tratar de um amor a alguém sem que esse alguém seja buscado por algum motivo que não seja puramente o desejo de amá-lo; sem que nesse amor o amado complete ou preencha o amante. Trata-se do amor absolutamente gratuito que, por sua vez, implica um caráter

---

[7] Esta passagem na Epístola de Judas, versículo 12, constitui o único exemplo encontrado no Novo Testamento do uso de *agape* para designiar o rito chamado "ceia do Senhor" em 1Cor 11,20. MACKENZIE; op. cit. p. 38, verbete "amor"; complementado pela explicação contida no verbete "eucaristia", p. 315.
[8] BÍBLIA DE JERUSALÉM; op. cit., nota de rodapé "m", do versículo 12 da Epístola de Judas.

metafísico (amor ao que está separado, retirado, santo), embora sem separar-se do caráter ético do amor como resposta à interpelação do amante.⁹

---

⁹ LEVINAS, Emmanuel. *Ética e infinito*. Lisboa: Ed. 70, 1982. p. 78.

2

Amor *philia*:
amor amizade

O verbo *philein*, do qual deriva o substantivo *philia*, expressava o conceito de amor amizade, sentimento entre duas ou mais pessoas ligadas por laços afetivos.

Renato Teixeira e Dominguinhos presentearam a Música Popular Brasileira com esta bela canção, "Amizade sincera", que tão bem expressa do que se trata esse sentimento.

> *O amor amizade*
> *Amizade sincera é um santo remédio*
> *É um abrigo seguro*
> *É natural da amizade*
> *O abraço, o aperto de mão, o sorriso*
> *Por isso se for preciso*
> *Conte comigo, amigo disponha*
> *Lembre-se sempre que mesmo modesta*
> *Minha casa será sempre sua*
> *Amigo*
> *Os verdadeiros amigos*
> *Do peito, de fé*
> *Os melhores amigos*
> *Não trazem dentro da boca*
> *Palavras fingidas ou falsas histórias*
> *Sabem entender o silêncio*
> *E manter a presença mesmo quando ausentes*
> *Por isso mesmo apesar de tão raro*
> *Não há nada melhor do que um grande amigo.*

É natural querer partilhar o que se tem com os amigos. Como expressa a canção acima: "Conte comigo, amigo disponha. Lembre-se sempre que mesmo modesta a minha casa será sempre sua, amigo". Daí por que, para o filósofo grego Aristóteles (384 a.C. – 322 a.C.), discípulo de Platão, a amizade é o que há de mais necessário à vida, já que os bens que a vida oferece como a riqueza, o poder etc., não se podem nem conservar nem usar sem os amigos.[1]

---

[1] ABBAGNANO; op. cit. p. 35, verbete "amizade".

O amor *philia*, amor amizade, distingue-se do amor *agape* porque este último pode dirigir-se também aos desconhecidos e pode permanecer oculto; *agape* não é um amor de preferência: ama-se sem distinção de pessoas... Diferentemente, o amor *philia* tem um caráter seletivo, consequência de algum tipo de afinidade. Trata-se de uma necessidade humana que influencia no autoconhecimento e consequente crescimento pessoal.

Preciso de amigos, antes de tudo, para conhecer a mim mesmo. O conhecimento próprio é o ponto de partida e a condição essencial de cada busca espiritual, humana ou divina; e é o paradoxo ineludível de que o conhecimento próprio não possa ser obtido pela própria pessoa. Preciso de um amigo para ver minha alma; preciso de sua presença, de sua paciência, de sua intuição, de suas reações, de seu amor, para que me reflitam os traços de minha alma, iluminem a mim mesmo, meu próprio modo de ser, e revelem a mim diante de mim. O melhor de meu ser se manifesta na amizade; minha alegria, meu humor, minha ternura, meu lado ridículo, meu interesse pelos outros e minha coragem de ser eu mesmo, tudo isso floresce de maneira espontânea e irreprimível, quando me encontro na presença de um amigo a quem amo. Ele faz brotar as minhas melhores qualidades [...] com seu amor por mim, com sua alegria ao ver-me, com sua aceitação total de tudo o que sou e tal como sou, com o que às vezes me diz diretamente sobre o modo como ele me vê e como interpreta o que digo e o que faço. Um amigo fiel é a melhor ajuda para conhecer-me a mim mesmo sem véus e sem medo.[2]

No Novo Testamento, o termo *philia* é usado para expressar esse caráter pessoal e seletivo do amor amizade.

---

[2] VALLES, Carlos G. *Viver em comunidade*; sonho e realidade na vida religiosa. São Paulo: Loyola, 1987. p. 28.

Na narrativa do reavivamento de Lázaro (Jo 11,1-44), encontramos a presença do verbo *philein* em alguns trechos: "As duas irmãs [Marta e Maria] mandaram, então, dizer a Jesus: 'Senhor, aquele que amas [*phileis*] está doente'" (11,3). Jesus atende ao apelo, mas encontra Lázaro morto. "Jesus chorou. Diziam, então, os judeus: 'Vede como ele o amava [*ephílei*]!'" (Jo 11,35-36).

O amor *philia* não parece ser concebido como um amor menor, se comparado ao amor *agape*. Por exemplo, na mesma narrativa acima citada, está escrito que "Jesus amava [*egapa*] Marta e sua irmã e Lázaro" (Jo 11,5). Em Jo 5,20, o verbo *phiilein* designa o amor entre Deus e Jesus: "Porque o Pai ama [*philei*] o Filho e lhe mostra tudo o que faz". Na conhecida passagem do diálogo entre Jesus e Pedro (Jo 21,15-17), nas duas primeiras perguntas de Jesus, "Pedro, tu me amas?", usa-se o verbo *agapan*; na terceira, *philein*. O verbo *philein* é empregado em cada uma das três respostas de Pedro: "Tu sabes que te amo". Isso denota "ser improvável que se deva encontrar alguma importância especial no emprego variável dos dois termos".[3] Em outras palavras, o amor "amizade" é amor incondicional, *agape*.

O amor *philia*, "amizade", é, sem dúvida, algo maravilhoso, tão bom que o próprio Jesus soube conquistá-lo e cultivá-lo em sua vida e em sua missão evangelizadora. Com seu grupo de discípulos e discípulas, alguns dos quais amigos e amigas (por exemplo, Pedro, Tiago e João, muitas vezes mencionados nos Evangelhos), Jesus pôs-se a caminho pelas estradas da Palestina do século I para aproximar-se amorosamente (amor *agape*) das pessoas sofridas dos vilarejos empobrecidos do seu contexto. Nesse caminho foi descobrindo os desígnios de Deus em sua missão, proclamando a Boa-Notícia de que outro mundo é possível, por meio de

---

[3] MACKENZIE; op. cit. p. 38, verbete "amor".

uma linguagem religiosa própria de sua cultura, sintetizada na expressão "Reino de Deus".

A amizade distingue-se em muito da paixão porque não provoca desejo físico ou o sofrimento físico que tal ausência causa. A amizade é sempre presença graciosa, mesmo a distância; é sempre gratuidade que, por pura gratidão, provoca o dom de si mesmo. Quem não se regozija com o regozijo que proporciona? Quem não gosta de ser amado(a) sem se sentir posse? Por isso o amor *philia* nutre o amor e o dobra, tanto mais forte, tanto mais leve, tanto mais ativo. Essa leveza profunda e gratuita tem um nome: alegria (pela existência do outro em nossa vida). E uma prova: felicidade (pela relação de amizade com tal pessoa querida).[4]

Foi Aristóteles, filósofo grego, especificamente, na sua obra *Retórica* (II, 4, 1380 b), que se dedicou a refletir sobre a amizade. A *filia* designa uma relação marcada de reciprocidade e de estima mútua que se expressa no reconhecimento ou no valor do outro como *alter ego* (outro eu). Diferentemente do amor *agápico*, que se caracteriza por ser um amor assimétrico de reverência pela alteridade absoluta do outro (amado), seja ele Deus ou outro ser humano, a amizade vem precedida pela simetria da relação. Esta se expressa no afeto ou no sentimento de bem querer ao outro e bem querer ao bem do outro. Trata-se do sentimento que consiste na afeição demonstrada a outrem e na vontade de manter com ele relações em que se manifeste certa excelência moral, isto é, o desejo de fazer o bem àquele por quem se nutre certo afeto, carinho e cumplicidade de ideais e de vida. O mais característico da amizade é o fato de desejar o bem àquele que amamos, independentemente do bem que possamos obter dele.

---

[4] COMTE-SPONVILLE, André. *Pequeno tratado das grandes virtudes*. São Paulo: WMF/Martins Fontes, 2009. pp. 267 e 271.

Na sua outra obra *Ética à Nicômaco* (VIII, 2, 1156 a 3-5), Aristóteles distingue a amizade (que deseja, sobretudo, o bem de outrem) da benevolência (em que os amigos se desejam o bem um ao outro), pois, esclarece ele, na amizade é preciso que o desejo que se tem do bem do outro seja conscientemente sentido por ele: haja benevolência mútua, cada um desejando o bem do outro; e, além disso, que essa benevolência não permaneça ignorada dos interessados.[5]

---

[5] CANTO-SPERBER, Monique. Amizade. *Dicionário de Ética e Filosofia Moral*. São Leopoldo: Unisinos, 2003. pp. 58-75, vol. 1.

3

Amor *eros*:
desejo vital pelo outro

Na língua grega, o verbo *eran*, do qual deriva o substantivo *eros*, indica essencialmente o amor marcado pelo desejo, algo vital, que mexe com as entranhas de quem ama. "Sem dúvida, o ser humano é um ser desejante. Se nem todo desejo é amor, todo amor, pelo menos esse amor *eros*, é desejo; é o desejo determinado de certo objeto, enquanto faz falta particularmente...".[1] O amor *eros* suscita o desejo e a necessidade de querer ver e tocar a pessoa amada. Sente-se fortemente a necessidade de reciprocidade e é um sofrimento quando isso não ocorre...

Assim, *eros* é um amor físico que mexe com a dimensão psíquica e, consequentemente, interfere no comportamento do ser humano em sociedade. Por isso, é um tema estudado pelas diversas áreas do conhecimento, tais como Medicina (em suas várias especializações), Psicologia, Antropologia, Sociologia, História, Filosofia, Teologia e outras. Trata-se, portanto, de um tema interdisciplinar. Devido a sua reconhecida importância para o ser humano, não deve ser vulgarizado ou banalizado no nível do mero erotismo, e muito menos diabolizado, como o foi durante séculos, por moralismos dos mais diversos.

A banalização e a vulgarização do amor *eros* é algo que chegou a seu extremo em nossos dias, numa cultura marcada pelo "hedonismo", cuja ideologia é a do prazer pelo prazer a qualquer custo, com pouca ou nenhuma atenção às consequências. Tal cultura, além de hedonismo, é marcada também pela ideologia narcisista (amor por si mesmo até as últimas consequências). Na busca do prazer pelo prazer para a satisfação do próprio ego, o indivíduo passa a considerar seu corpo como um objeto, algo a ser usado e não vivido, algo que se tem, em vez de algo que se é.[2]

---

[1] COMTE-SPONVILLE; op. cit. p. 252.
[2] PINTO, Ênio Brito. Sexualidade e ética: um olhar psicológico. In: Ética cristã e sexualidade. *Vida Pastoral*, São Paulo: Paulus, n. 275, p. 9, 2010.

Todo corpo deseja conforto, bem-estar, prazer. Essa é uma dimensão importante e mesmo fundamental na vida. Não é à toa que a Medicina atual visa não só curar os males, mas se esmera em minorar o sofrimento, diminuindo a dor ao suportável ou mesmo a eliminando. Contudo, o prazer não é a finalidade da vida; é apenas um meio, mas não o único. Quando a cultura exige como máxima suprema "apenas goze a vida", há um vácuo nela. Porque, se a vida é gozo, é também constituída de sofrimentos e frustrações de difícil assimilação. Em nossa cultura, a maneira mais comum de o hedonismo e o narcisismo se manifestarem é no constante fazer... Quando a quantidade de experiências sexuais é mais importante que sua qualidade, o resultado acaba sendo ansiedade e depressão, não vitalidade.[3]

Nessa linha de raciocínio, um dos autores mais conhecidos na área da ética e da moral sexual, Frei Antônio Moser, tece o seguinte comentário:

> Existe, hoje, um predomínio da banalização e superficialidade, não só do sexo, mas de tudo... Há uma obsessão do sexo, quando deveríamos chamar a atenção para o fato de que o sexo é apenas um ângulo da sexualidade. A sexualidade tem muitas dimensões: política, econômica, sociocultural, religiosa, mística, afetiva. E o que está ocorrendo é uma absolutização do sexo, e um empobrecimento da sexualidade, sobretudo em termos de afetividade e ternura. Esta é a grande virtude a ser cultivada num mundo de violência no trânsito, no trabalho, das guerras que não terminam mais. Enfim, a ternura é a expressão de uma sexualidade bem integrada, seja em nível interpessoal ou social. E, ao contrário, a violência, a agressividade são sintomas de que algo não está bem no campo da sexualidade.[4]

---

[3] PINTO; op. cit. pp. 8-9.
[4] Disponível em: <http://www.antoniomoser.com/site/index.php?option=com_content&view=article&id=59:licoes-de-sexualidade-em-casa&catid=34:artigos&Itemid=41>. Acesso em: 17 fev. 2011.

Urge, portanto, uma mudança de mentalidade e de comportamento, mesmo que caminhe na contramão de uma cultura do fazer sexo a qualquer custo, por meio de loucuras cada vez mais desordenadas, em festas intermináveis regadas à base de drogas lícitas (bebidas alcoólicas) e ilícitas (crack, cocaína etc.). Para tanto, é importante redescobrir e experimentar a maravilhosa dimensão da sexualidade humana. Muitos jovens já estão fazendo tal experiência, voltando a curtir o estar com a pessoa amada, demonstrando o amor por meio de pequenos gestos de atenção, gentileza, delicadeza, afetos, enfim, atitudes singelas que naturalmente vão quebrando o invólucro do individualismo narcisista, fazendo com que se faça a experiência do encontro com a pessoa amada. Essa é a dimensão da sexualidade, a significação mais abrangente do amor *eros*.

Na Bíblia,[5] há um belíssimo livro dedicado a esse amor, cujo título é "o mais belo cântico", "o cântico por excelência", ou o "Cântico dos Cânticos". Trata-se de uma coleção de cantos de amor usados provavelmente em festas de casamento. A forma final do livro é de meados do século V ou IV a.C. O livro impressiona, pois, elevado à categoria de livro sagrado (um dos livros sapienciais do Primeiro Testamento ou Antigo Testamento), trata – de modo poético mas bastante claro – dos sentimentos que unem duas pessoas que se amam apaixonadamente.

> Na misteriosa descoberta do outro, a quem dar-se sem perder-se, realizando a plenitude na união. O estranho sair de si, êxtase, para encontrar-se em outro. A força criadora, o poder fecundo, o momento eterno... Plenitude da união pessoal que, partindo de dentro, de um centro, ilumina e transfigura o mundo, elevando-o à conjunção humana do amor: primavera, folhagem, flores e

---

[5] BENETTI, Santos. *Sexualidade e erotismo na Bíblia*. São Paulo: Paulinas, 1998. pp. 314-316.

frutos, bosques e jardins, pássaros, vales e montanhas, astros e constelações. O amor os menciona e, mencionando, coloca-os concêntricos a si mesmo.[6]

Esse é o ambiente campestre, o "nicho ecológico",[7] como diríamos hoje, que envolve os personagens do livro, em diálogo apaixonado, como este: "Levanta-te, minha amada, formosa minha, vem a mim! Vê o inverno: já passou. Olha a chuva: já se foi! As flores florescem na terra, o tempo da poda vem vindo, e o canto da rola está-se ouvindo em nosso campo. Despontam figos na figueira e a vinha florida exala perfume. Levanta, minha amada, formosa minha, vem a mim!" (Ct 2,10-13).

Ele e ela, os protagonistas do poema, representam todos os casais que, ao longo dos séculos, experimentam o amor apaixonado. Esse tema domina todo o livro: (Ela) "Que me beije com beijos de sua boca! Teus amores são melhores do que o vinho, o odor dos teus perfumes é suave, teu nome é como óleo escorrendo, e as donzelas se enamoram de ti..." (Ct 1,2-3). (Ele) "Como és bela, minha amada, como és bela!... São pombas teus olhos escondidos sob o véu. Teu cabelo... um rebanho de cabras ondulando pelas faldas do Galaad. Teus dentes... um rebanho tosquiado subindo após o banho, cada ovelha com seus gêmeos, nenhuma delas sem cria. Teus lábios são fita vermelha, tua fala melodiosa; metades de romã são tuas faces escondidas sob o véu. Teu pescoço é a torre de Davi... Teus seios são dois filhotes, filhos gêmeos de gazela, pastando entre açucenas. Antes que sopre a brisa e as sombras se debandem, vou ao monte da mirra, à colina do incenso. És toda bela, minha amada, e não tens um só defeito" (4,1-7).

---

[6] SHÖKEL, Luís Alonso. Introdução ao livro Cântico dos Cânticos. *A Bíblia do Peregrino*. São Paulo: Paulus, p. 1506.
[7] "Nicho ecológico" é o modo de vida de cada espécie no seu *habitat*.

Como se nota, a multiforme beleza da criação é utilizada aqui como metáfora para expressar o encantamento pelo corpo da pessoa amada. Ao cantarem a beleza física um do outro e saborearem as delícias do amor em seus aromas e sabores, os amantes fazem a experiência de ver que tudo o que Deus fez e faz é "muito bom", como no poema da criação (Gn 1,1-2,4a).

No Cântico dos Cânticos, o amor atinge o ápice em 8,6-7: "Cola-me, como um selo sobre teu coração, como um selo em teu braço. Pois o amor é forte como a morte, o ciúme [trata-se do amor-paixão] é inflexível como o Xeol [habitação subterrânea dos mortos; aqui é o equivalente de morte]. Suas chamas são chamas de fogo, uma faísca de IHWH [Deus]. As águas da torrente jamais poderão apagar o amor, nem os rios afogá-lo. Quisesse alguém dar tudo o que tem para comprar o amor... Seria tratado com desprezo".

Esse amor humano, gravado como tatuagem no peito, à altura do coração, ou no braço, é, sem dúvida, amor na sua dimensão física, corporal. Apesar de humano, trata-se de um amor tão forte e tão grandioso que só pode ser uma faísca divina. A Bíblia nesse ponto é, sem dúvida, surpreendente, ao intuir que a relação entre duas pessoas que se amam nas dimensões física, corporal, sexual, é forte, grandioso (abismal), ardoroso (como o fogo) e intenso (como uma faísca, um raio), porque vem de Deus, o amor por excelência. Por isso, não se vende nem se compra. É graça, dádiva para ser cultivada.

O filósofo franco-lituano Emmanuel Levinas apresenta uma descrição do "fenômeno de *Eros*" que parece muito rica no contexto desta reflexão contemporânea sobre o sentido de amor-*Eros*. Primeiro recorda que urge cuidar para não se atribuir ao *Eros* um amor de segunda categoria ao associá-lo imediatamente ao sexo e, consequentemente, ao corpo, uma vez que, infelizmente, na tradição filosófica ocidental sexo/corpo foi tratado como oposto ao espírito. Isto só serviria para reforçar certo dualismo ou sobreposição entre *Agape* e *Eros*. Entretanto, recorda o filósofo, o termo *Eros* encontrou na própria filosofia seu significado mais genuíno na medida em que vem associado ao desejo ardente de estar unido a uma pessoa determinada, como aspiração a um estado de si-mesmo, que só é acessível no contato com o outro. Por um lado, o amor de *Eros* foi associado ao amor de *Páthos* para dizer que o amor nasce do impacto (*empatia*) do outro; nasce do contato, do corpo a corpo, sem que com isso se reduza à mera volúpia ou ao mero amor sexual. Por outro lado, como no contato com outrem se está perto do corpo da pessoa amada, esta exerce forte atração sobre o eu, que por sua vez é um eu/corpo e, portanto, um eu/corpo sexuado. Nesta perspectiva, o sexo liga-se a uma dimensão fundante da corporeidade e esta se refere à identidade e à relacionalidade humanas. Então, o amor erótico tem uma dimensão carnal, corporal, que não pode ser *a priori* tratado como algo negativo e da ordem do erotismo por ser indissociável do "corpo próprio" ou da identidade dos sujeitos encarnados.[8]

---

[8] LEVINAS, Emmanuel. *Totalidade e infinito*. Lisboa: Ed. 70, 1988. pp. 235-256.

4
Amor conjugal

Este amor aqui intitulado de "conjugal" não é outro senão o amor expresso por meio da sexualidade humana, acrescentado de uma característica fundamental: a relação amorosa curtida ao longo dos anos, fruto da convivência assumida com todas as dificuldades e desafios que advêm dessa experiência.

Em nossa cultura, tal experiência amorosa ocorre quando duas pessoas desejam ir além da complementaridade física e buscam cultivar a convivência a dois, a vida conjugal, pelo singelo prazer do estar juntos, partilhar a vida cotidiana, indefinidamente, na busca contínua de cultivar a maturidade do amor...

Mas, para amadurecer no amor conjugal, alguns cuidados são necessários. Vejamos este depoimento de um padre, orientador espiritual:

> Certa vez assustei um jovem que me pedia conselho sobre seu casamento em perigo, dizendo-lhe que a única solução era o divórcio. Ele não imaginava que sua situação fosse tão desesperadora e, em todo caso, não esperava semelhante saída de uma pessoal "oficial" como eu. Expliquei-lhe: tinha de divorciar-se da mulher com quem havia se casado, isto é, do sonho de mulher com quem se havia casado, da imagem ideal da esposa perfeita que ele mesmo havia formado em sua mente e que havia levado pela mão ao altar, envolta em inócuo romantismo. Havia sempre adorado a imagem que havia criado de sua mulher e, aos poucos, se distanciara da mulher de carne e osso que era sua esposa. O que tinha de fazer agora era divorciar-se do sonho e voltar para casa ao encontro da mulher real – que era uma pessoa admirável, capaz de fazê-lo feliz, desde que ele lhe permitisse entrar em sua vida tal como ela era.

Em outras palavras, o amor conjugal exige amadurecimento contínuo de ambas as partes. Nessa perspectiva, é um convite não só à maturidade do amor, mas à eternidade do amor, até atingir o "tempo da delicadeza", expressão tão bem formulada no poema-canção "Todo o sentimento", composição de Chico Buarque e C. Bastos:

> *Preciso não dormir*
> *Até se consumar*
> *O tempo da gente.*
> *Preciso conduzir*
> *Um tempo de te amar,*
> *Te amando devagar e urgentemente.*
> *Pretendo descobrir*
> *No último momento*
> *Um tempo que refaz o que desfez,*
> *Que recolhe todo sentimento*
> *E bota no corpo uma outra vez.*
> *Prometo te querer*
> *Até o amor cair*
> *Doente, doente...*
> *Prefiro, então, partir*
> *A tempo de poder*
> *A gente se desvencilhar da gente.*
> *Depois de te perder,*
> *Te encontro, com certeza,*
> *Talvez num tempo da delicadeza,*
> *Onde não diremos nada;*
> *Nada aconteceu.*
> *Apenas seguirei*
> *Como encantado ao lado teu.*[1]

O "tempo", neste poema, parece sugerir "longevidade". Antes de "se consumar o tempo" da existência, o eu lírico afirma que precisa manter-se acordado para amar "deva-

---

[1] Disponível em: <http://letras.terra.com.br/chico-buarque/45181/>. Acesso em: 20 fev. 2011.

gar e urgentemente"... Tempo de refazer e recolher todo sentimento... Tempo do desvencilhamento do próprio "eu", para viver como encantado ao lado da pessoa amada... É o tempo do reencontro "com certeza, talvez num tempo da delicadeza".

Hoje, apesar das estatísticas referentes ao aumento do número dos divorciados e dos separados, observa-se que o amor conjugal não está morrendo. Pelo contrário. As estatísticas indicam que aumentou a proporção de uniões conjugais em que ao menos um dos cônjuges era divorciado ou viúvo.[2]

Por esse ângulo, percebe-se que o amor conjugal continua presente e forte em nossa cultura, apesar das transformações ocorridas no cenário sociocultural. Nesse contexto, com a individualização e a pluralização dos valores, surgiram novos modelos de convivência que se orientam – cada vez menos – pelos ensinamentos das autoridades estatais ou eclesiais... Dentre tais modelos de convivência, um deles é a chamada "nova família", que se caracteriza pelo fato de cada um dos parceiros ter filhos dos seus casamentos anteriores, muitos dos quais ainda menores. Esse fenômeno, sem dúvida, aumenta a complexidade das questões matrimoniais e familiares do tempo que se chama hoje.[3]

Portanto, apesar da crise que perpassa a cultura hedonista, narcísica, imediatista e fortemente marcada pela lógica do econômico, em que tudo, uma vez consumido ou usado, é simplesmente jogado no lixo ou descartado, o amor conjugal, o companheirismo, continuam presentes.

---

[2] "Aumentou o número dos divorciados (de 2006 até 2007 em 11% – IBGE) e dos separados (de 1991 a 2007 em 12,3% – IBGE). Ao mesmo tempo, cresceu a proporção dos casamentos em que ao menos um dos cônjuges era divorciado ou viúvo (1997: 9,9%; 2007: 16,1% – IBGE)". BLANK, Christiane. Casal, matrimônio e família na integração com a sociedade atual. In: Ética cristã da sexualidade. *Vida Pastoral*, São Paulo: Paulus, n. 275, p. 26, 2010.
[3] BLANK; op. cit. p. 26.

Essa é – de fato – uma boa notícia. A sociedade atual, apesar de relativizar e banalizar a experiência do amor em todas as suas dimensões, exaltando apenas os aspectos efêmeros e utilitaristas das relações entre as pessoas, não conseguiu ainda estragar (adulterar) a essência do amor conjugal, aquele que se realiza no "dom pleno e total das pessoas que se amam".[4]

Este é o amor conjugal. Aquele capaz de ultrapassar os desafios do tempo presente e da própria existência das pessoas envolvidas nesse amor...

O teólogo francês Xavier Lacroix retoma o termo "conjugalidade" em função do amor pensado como incorporação do outro ao meu corpo. Dessa feita, a conjugalidade refere-se ao amor no qual se põe ênfase na "aliança amorosa" entre duas pessoas. Aliança que por sua vez expressa a densidade da relação que está para além da ideia de pacto. No pacto pode haver união em torno de ideias e ideais, enquanto na aliança se vive de incorporar o outro ao meu corpo ou à minha vida, bem como de ser incorporado ao corpo do outro e à sua vida. Portanto, à metáfora da aliança subjaz o desejo de fazer com que o meu corpo, ou a vida do meu corpo que sou eu mesmo, seja entregue ao outro, isto é, que ele seja associado ao meu corpo e à minha vida como eu à dele e com ele. Neste caso, a conjugalidade significa concretamente, no horizonte da aliança e da incorporação de um ao outro, o amor vivido como cumplicidade de intimidade segundo a "entrega" (dom) da vida, dos corpos de maneira única e exclusiva. Este amor (dom) é pressuposto para o surgimento do que se domina de relação "como" terceiro – diferente do eu e tu é a própria relação em que os dois perdem de si algo para dar origem a uma terceira realidade –, e o

---

[4] PONTIFÍCIO CONSELHO "JUSTIÇA E PAZ". *Compêndio da Doutrina Social da Igreja*. São Paulo: Paulinas, 2005, n. 223, pp. 136-137.

terceiro "da" relação – o filho esperado – que oferece ao casal a possibilidade de sair do fechamento da relação a dois e abrir-se ao outro de si mesmo.[5]

---

[5] LACROIX, Xavier. *O corpo de carne*; as dimensões ética, estética e espiritual do amor. São Paulo: Loyola, 2009. pp. 103-132.

5
Amor de parentesco

Há um amor todo especial: aquele que emerge da consanguinidade e/ou da profunda relação familiar: o amor de parentesco. Sem dúvida, esse amor marca a existência de cada ser humano em particular, desde o útero materno.[1]

O amor de parentesco é fruto do amor conjugal fecundo, gerador de vidas, que desabrocham na experiência familiar. A família propõe-se como espaço daquela comunhão capaz de fazer crescer uma autêntica comunidade de pessoas, graças ao incessante dinamismo do amor, que é a dimensão fundamental da experiência humana e que tem, precisamente na família, um lugar privilegiado para se manifestar.[2]

Desse amor nascem relações vividas sob o signo da gratuidade, a qual, "respeitando e favorecendo em todos e em cada um a dignidade pessoal como único título de valor, torna-se acolhimento cordial, encontro e diálogo, disponibilidade desinteressada, serviço generoso, solidariedade profunda". A existência de famílias que vivem em tal espírito de amor põe a nu as carências e as contradições de uma sociedade orientada preponderantemente, quando não exclusivamente, por critérios de eficiência e de funcionalidade. A família, que vive construindo todos os dias uma rede de relações interpessoais internas e externas, coloca-se por sua vez como "a primeira e insubstituível escola de sociabilidade, exemplo e estímulo para as mais amplas relações comunitárias na mira do respeito, da justiça, do diálogo, do amor".[3]

---

[1] Em grego, há uma palavra que também pode designar amor familiar, parental, é a palavra *storge*.

[2] JOÃO PAULO II. Exortação apostólica *Familiaris consortio*, n. 18. Disponível em: <http://www.vatican.va/holy_father/john_paul_ii/apost_exhortations/documents/hf_jp-ii_exh_19811122_familiaris-consortio_po.html>. Acesso em: 02 mar. 2011. Citado por: PONTIFÍCIO CONSELHO "JUSTIÇA E PAZ"; op. cit. n. 221, p. 135.

[3] JOÃO PAULO II; op. cit. n. 43. Citado por: PONTIFÍCIO CONSELHO "JUSTIÇA E PAZ"; op. cit. n. 221, pp. 135-136.

A família é, portanto, uma comunidade viva, na qual as pessoas se conhecem e se confiam nas diversas fases de sua existência, da mais tenra infância à velhice. Nesse aconchego, os filhos são preparados para a vida. É nesse ambiente familiar que o amor *storge* vai sendo plasmado. É desse "amor de parentesco" que muitos ensinamentos preciosos para a vida em sociedade são elaborados, os quais, certamente, marcam a existência de cada pessoa.

Jesus de Nazaré fez a experiência do amor parental com muita intensidade. Ele nasceu na Palestina, pouco antes do fim do governo de Herodes I (37 – 4 a.C.). Filho de José, pedreiro e carpinteiro, e sua mulher, Maria, viveu numa pequena cidade do norte (Galileia). Como as cidades eram pequenas, deve ter-se relacionado afetuosamente com a sua parentela. Nesse âmbito familiar, deve ter tido uma educação judaica elementar. Graças a tal formação inicial, em meio aos desafios do seu contexto histórico, foi descobrindo os desígnios de Deus sobre a sua pessoa.[4]

Jesus viveu sob a orientação dos seus pais, valorizando essa relação própria do amor na intimidade familiar. Isso fica evidente nas entrelinhas da narrativa de Lucas. De modo muito singelo, o evangelista nos presenteou com o seguinte texto (Lc 2,41-52):

> [41] Seus pais iam todos os anos a Jerusalém, para a festa da Páscoa.
> [42] Quando o menino completou doze anos, segundo o costume, subiram para a festa. [43] Terminados os dias, eles voltaram, mas o menino Jesus ficou em Jerusalém, sem que seus pais o notassem.
> [44] Pensando que estivesse na caravana, andaram o caminho de um dia, e puseram-se a procurá-lo entre parentes e conhecidos.
> [45] E não o tendo encontrado, voltaram a Jerusalém à sua procura.

---

[4] THEISSEN, Gerd; MERZ, Annette. *O Jesus histórico*; um manual. São Paulo: Loyola, 2002. p. 595.

⁴⁶ Três dias depois, eles o encontraram no Templo, sentado em meio aos doutores, ouvindo-os e interrogando-os; ⁴⁷ e todos os que o ouviam ficavam extasiados com sua inteligência e com suas respostas. ⁴⁸ Ao vê-lo, ficaram surpresos, e sua mãe lhe disse: "Meu filho, por que agiste assim conosco? Olha que teu pai e eu, aflitos, te procurávamos". ⁴⁹ Ele respondeu: "Por que me procuráveis? Não sabíeis que devo estar na casa do meu Pai?" ⁵⁰ Eles, porém, não compreenderam a palavra que ele lhes dissera. ⁵¹ Desceu então com eles para Nazaré e era-lhes submisso. Sua mãe, porém, conservava a lembrança de todos esses fatos em seu coração. ⁵² E Jesus crescia em sabedoria, em estatura e em graça, diante de Deus e diante dos homens.

Neste trecho do Evangelho de Lucas, fica claro que, desde as primeiras palavras de Jesus, a sua missão decorre da sua relação filial com Deus, a quem se refere como Pai. Onde teria sido o aprendizado do amor filial de Jesus? Segundo Lucas, na família, sob a autoridade do amor consanguíneo de Maria e de José.

Na cultura do Antigo Israel, a cultura de Jesus, os termos "irmãos e irmãs" tanto podem significar propriamente irmãos e irmãs consanguíneos, como designar parentes membros do mesmo clã (cf. Gn 13,8; Dt 2,4) ou até membros do mesmo povo (cf. Lv 25,39; Dt 17,15; 1Cr 9,5). Jesus valorizou de tal modo a relação do amor parental que adotou essa terminologia de "irmãos e irmãs" para designar todas as pessoas que, tal como ele, fazem a vontade de Deus: "Ele perguntou: 'Quem é minha mãe e meus irmãos?' E, repassando com os olhos os que estavam sentados ao seu redor, disse: 'Eis a minha mãe e os meus irmãos. Quem fizer a vontade de Deus, esse é meu irmão, irmã e mãe'" (Mc 3,33-35).

O filósofo franco-lituano Emmanuel Levinas enfatiza que o "amor de parentesco" diz respeito também ao "amor fraternal". Por um lado, supõe o amor que nasce e se nutre dos vínculos sanguíneos. Por outro, diz respeito a um amor que ultrapassa a própria "explicação" dos vínculos de parentesco. De vez em quando nos damos conta de que somos "como" irmãos uns dos outros no sentido de que a fraternidade é "vivida" antes mesmo de ser sabida, de ser tematizada ou de ser pensada. Não nos experimentamos irmãos uns dos outros pela explicação da existência de tal vínculo, mas o vivemos no cotidano e na aproximação das pessoas antes mesmo de tematizar nossa relação com elas. E isto é o que Levinas nomeia de amor fraternal pela "contiguidade que mantemos com algumas pessoas como se elas fossem nossas irmãs assim como se é irmão do consanguíneo sem que se pense o parentesco". Levinas se apoia no Livro do Gênesis para dizer que a origem da humanidade independente do vínculo sanguíneo como tal. A humanidade originária do ser humano se caracteriza pela fraternidade primordial, pelo amor que une as pessoas na irmandade primeva e que faz com que elas se tratem como se fossem membros do mesmo laço familiar.[5]

---

[5] LEVINAS, Emmanuel. *De Deus que vem à ideia*. Petrópolis: Vozes, 2002. p. 157.

6
Amor de companheirismo

Dentre as diversas formas de amor, uma delas pode se expressar na relação entre companheiros e companheiras (colegas) de estudo, de trabalho (profissional ou voluntário), que surge a partir de objetivos comuns a serem alcançados.

As pessoas envolvidas na relação de companheirismo ou coleguismo podem tirar proveito pessoal para se aprimorar na capacidade de trabalhar em grupo, por meio da tolerância mútua, compreensão e aceitação do outro com suas virtudes e dificuldades pessoais, enfim, numa palavra, resiliência.

Na Bíblia, o Livro do Levítico (19,15-18) apresenta algumas pistas interessantes com o intuito de contribuir para a relação entre as pessoas, que muito bem podem favorecer o cultivo do amor entre os colegas: não cometer injustiça nos julgamentos, procurando manter uma imparcialidade; não espalhar boatos ou promover fofocas; não levantar falso testemunho contra quem quer que seja; não guardar ódio ou rancor; não ser vingativo; no momento propício, saber repreender; enfim, amar o próximo como a si mesmo.

A prática desse amor é o meio pelo qual, no encontro da conivência entre as pessoas, vai-se tecendo o intrincado tecido das relações, em meio aos inevitáveis conflitos – muitas vezes violentos – que podem e devem ser assumidos e enfrentados.

Jesus também compartilhou seu ideal com outras pessoas, formando um movimento itinerante cuja base era formada por um grupo de homens e mulheres, companheiros e companheiras de caminhada (Lc 6,13-16; 8,1-3). Nesse grupo, a Boa-Nova era ensinada, praticada e, por meio dele, proclamada: "Convocando os 'Doze' [este número pode ser simbólico[1]],

---

[1] Da mesma forma que no Antigo Testamento, no tempo de Jesus, o número "doze" simboliza a unidade e a totalidade do povo eleito (cf. Gn 49; Js 19,1–22,21; 2Cr 6,60-80; Nm 1,40-49; 10,15-27; 13,2-15); ele entrava assim como elemento essencial na perspectiva escatológica (do fim dos tempos),

deu-lhes poder e autoridade sobre todos os demônios, bem como para curar doenças, e enviou-os a proclamar o Reino de Deus e a curar" (Lc 9,1-2). "Os Doze o acompanhavam, assim como algumas mulheres que haviam sido curadas de espíritos malignos e doenças: Maria, chamada Madalena; Joana, mulher de Cuza; Suzana e várias outras..."[2] (Lc 8,1-3). Podemos dizer que a continuidade da obra de Jesus dependeu desse grupo de companheiros e companheiras, pessoas queridas com quem ele conviveu de perto, alguns dos quais se tornaram amigos e amigas inseparáveis em tantas ocasiões. Não é por menos que tais pessoas são reconhecidas no texto evangélico pelo nome, o que representa o seu valor, enquanto protagonistas da ação evangelizadora.

O contexto dos ensinamentos de Jesus sobre o amor (dirigidos às multidões e, de modo especial, aos companheiros e companheiras do seu grupo) pode ser compreendido como uma forma de renúncia à violência generalizada promovida pelo contexto socioeconômico e político imposto pelo Império Romano na região, com a conivência da elite judaica:

> Na exigência da renúncia à violência, feita, pelo visto, também em relação a medidas coercitivas romanas ou das autoridades (Lc 6,29: "A quem te ferir numa face, oferece a outra; a quem te arrebatar o manto, não recuses a túnica"), manifesta-se, assim, como exigência do amor solidário ao próximo, inclusive em relação a vizinhos inimigos, uma tendência ao acordo e à diminuição das tensões em situações de conflito.[3]

---

quando Israel, como povo de doze tribos, seria restaurado. MATEOS, Juan; CAMACHO, Fernando. *Evangelho, figuras e símbolos*. São Paulo: Paulinas, 1991, pp. 77-78.

[2] São três mulheres citadas pelo nome, o que é simbólico. O número "três", na Bíblia, indica o completo e o definitivo (Is 6,3: o três vezes santo). MATEOS; CAMACHO; op. cit. p. 71.

[3] STEGEMANN, Ekkehard W.; STEGEMANN, Wolfgang. *História social do protocristianismo*; os primórdios no judaísmo e as comunidades de Cristo no mundo mediterrâneo. São Leopoldo: Sinodal; São Paulo: Paulus, 2004. p. 242.

Com esse projeto de amor entre companheiros e companheiras de missão, Jesus propõe que se caminhe na contramão do projeto deste mundo, por exemplo, ao sugerir que os membros do seu grupo tenham como princípio fundamental, nas relações de poder, o "serviço" amoroso, *diaconia*, em prol do bem comum (cf. Mc 10,41-45 e paralelos). A crítica é, sem dúvida, à ideologia política e econômica dominante, cujo critério é apropriar-se do poder para o benefício de si mesmo.[4]

O trabalho realizado em comum, sob o critério do poder-serviço, une naturalmente o grupo. Planejamento, programas, esforço conjunto, reuniões a qualquer hora para trocar impressões, os mesmos contatos, as mesmas anedotas, celebrar juntos o fim de um projeto, e iniciar juntos o seguinte. Tudo isso une, aproxima.[5]

Por isso, todos nós guardamos carinhosamente "do lado esquerdo do peito" as pessoas com quem convivemos no tempo de estudantes, no ambiente de trabalho, em movimentos sociais e religiosos, enfim, nos diversos grupos sociais do qual fizemos e fazemos parte, as quais nos proporcionaram e proporcionam verdadeira experiência de amor "companheirismo" em nossa vida.

Outra característica do amor como a do companheirismo aparece em função das relações humanas que se inscrevem no ambiente do trabalho e, mais especificamente, no mundo da profissão do qual partilhamos com os outros.

O filósofo francês Paul Ricoeur, retomando a Teoria da Ação no âmbito da linguagem, isto é, na teoria que afirma que cada sujeito introduz, com sua ação linguística, um impacto ou mesmo uma modificação no mundo, chega a afirmar que em função dessa ação há critérios fundamentais com

---

[4] STEGEMANN; STEGEMANN; op. cit. p. 242.
[5] VALLÉS, Carlos G. *Viver em comunidade*; sonho e realidade na vida religiosa. São Paulo: Loyola, 1987. p. 57.

relação ao modo como exercemos a profissão antes mesmo de pensar em seu caráter ético propriamente dito. Daí decorre que nossa intervenção no mundo pode ser considerada pelos companheiros de trabalho como uma ação construtiva, altamente positiva, propositiva e formativa, uma vez que ligada ao que cada um em especial exerce de maneira ímpar, insubstituível e pessoal no mundo pela capacidade de falar e agir no ato de fala.[6]

De maneira concreta, alguém pode confirmar que nossa ação de fato transforma o mundo graças à verificação da qualidade, da seriedade e também da leveza, do espírito esportivo e da segurança com que exercemos nossa profissão. Esta atestação por parte dos outros – com respeito à nossa competência na ação (profissional) – cria nos companheiros de trabalho uma sintonia ou uma relação amorosa. Esta se afirma em função daquilo que aparece de mim (personalidade profisional) e em função da própria ação que realizo como fruto do meu trabalho. Em outras palavras, a adscrição de minha ação ao mundo do trabalho faz com que os outros assimilem de maneira empática as qualidades de minha competência que é única porque sou único enquanto ser agente ou ser actante.

Assim, o mundo partilhado pela profissão traz para as próprias relações entre colegas um novo sentido que os estimula a continuar agindo na esfera profissional movido pela força de que descobrem na capacidade de poder ressignificar, não apenas o ambiente de trabalho, mas o mundo na sua dimensão mais vasta da cultura afetada também pelas competências profissionais.

Segundo Ricoeur, o amor de companheiros da mesma profissão aparece explicitado aqui, na medida em que cada qual pode atestar ou testemunhar o fato de que a ação e a intervenção profissional dos indivíduos singulares atingem e

---

[6] RICOEUR, Paul. Abordagens da pessoa. In: *A região dos filósofos*. Leituras II. São Paulo: Loyola, 1996. pp. 163-180.

afetam os colegas de trabalho, bem como despertam neles a valorização de cada colega em particular. Afinal, reconhecem que cada qual é único na maneira de modificar o mundo através de sua competência. Nasce, deste ambiente, uma espécie de amor intimamente relacionado ao modo como exercermos nossa tarefa cotidiana no mundo profissional e ao modo como essa competência é partilhada no próprio ambiente de trabalho, diferentemente da maneira como nos relacionamos noutras esferas da vida. Dessa forma, a relação profissional, seja pela competência de cada um, seja pelo ambiente propício que esta competência inaugura no ambiente de trabalho, estabelece vínculos de aprovação, de confirmação, de atestação, de admiração e, sobretudo, instiga o cultivo do reconhecimento entre colegas que ocupam o mesmo mundo do trabalho. Evidente que, como toda experiência amorosa, o amor de admiração, de proximidade entre colegas de trabalho, deverá ser cultivado incessantemente. Afinal, o mundo profisional, como mundo da ação, se configura também como reino do poder da ação sobre os outros. O mundo do trabalho pode dar azo a concorrências e a competições e, inclusive, a injustiças, por formentar nos indivíduos a tentativa de negar a qualidade e a competência do outro em vista de interesses não ligados ao bem do outro, mas motivados pela busca do próprio bem.[7]

---

[7] RICOEUR; op. cit. pp. 163-180.

7

Amor-cuidado:
amor para consigo mesmo, para com o próximo e para com a vida

O filósofo e teólogo Leonardo Boff afirma que "o cuidado é o caminho histórico-utópico da síntese possível à nossa finitude. Por isso, é o *ethos* fundamental, a chave decifradora do humano e de suas virtualidades".[1] Por *ethos*, palavra grega, entende-se "a toca do animal ou a casa humana; conjunto de princípios que regem, transculturalmente, o comportamento humano para que seja realmente humano no sentido do ser consciente, livre e responsável; o *ethos* constrói pessoal e socialmente o 'habitat' humano".[2] Nesse sentido, "não se trata de pensar e falar sobre o cuidado como objeto independente de nós. Mas de pensar e falar a partir do cuidado como é vivido e se estrutura em nós mesmos. Não temos cuidado. Somos cuidado. Isso significa que o cuidado possui uma dimensão ontológica[3] que entra na constituição do ser humano. É um modo de ser singular do homem e da mulher. Sem cuidado, deixamos de ser humanos".[4]

O amor-cuidado da alteridade. O cuidado é outra maneira para expressar o amor na condição de amor/vulnerabilidade. Muitas vezes o amor foi pensado como força, coragem, tenacidade, e ao acentuar-se sobremaneira estas características proativas do amor, esqueceu-se de que ele vem carregado de fragilidade por se tratar do amor ao outro que, como outrem (rosto humano), se mostra na sua alteridade que revela sua fragilidade (sua nudez de rosto humano) e sua santidade (aquele que se retira ou que está separado do mundo do saber por ser outrem e não eu mesmo). Dessa forma, o cuidado evoca a preocupação pela vulnerabilidade do outro

---

[1] BOFF, Leonardo. *Saber cuidar*; ética do humano – compaixão pela terra. Petrópolis: Vozes, 1999. p. 83.
[2] BOFF; op. cit. p. 195.
[3] O termo "ontológico" (do grego *"ontos"*, "existente") se refere à essência ou à natureza do existente. ABBAGNANO; op. cit. p. 697, verbete "ôntico".
[4] BOFF; op. cit. p. 89.

como outrem. Trata-se de estar ou de viver ocupado previamente dessa novidade que a alteridade traz para a relação, enquanto o outro é ao mesmo tempo profundamente frágil e extremamente forte. A preocupação por outrem é vivida concretamente como "promoção" da alteridade de outrem na sua santidade e, ao mesmo tempo, é vivida como proteção de outrem na sua nudez, fragilidade.

Segundo o filósofo Emmanuel Levinas, amar é promover o outro e protegê-lo das intempéries da vida, mas, sobretudo, amar significa proteger o outro da violência a que pode ser submetido por ser frágil, exposto a todo tipo de dominação. O cuidado, segundo este mesmo filósofo, assume as características de um "amor maternal", uma vez que não se trata apenas de promover e proteger o outro. Em certas circunstâncias, chega-se ao extremo de o cuidado desejar gestar o outro; carregá-lo dentro de nós a fim de que ele possa ter a chance de nascer como outrem sem que seja antecipadamente expurgado do mundo sem direito a nenhuma defesa por causa de sua fragilidade congênita de outrem. O cuidado como amor maternal é uma metáfora do amor que se remete ao amor à alteridade. E esta alteridade aplica-se tanto a um ser humano como também à alteridade do mundo, do planeta, do cosmos. Uma vez gestados pelo mundo, o cuidado nos interpela a carregar o mundo dentro de nós a fim de que ele não sucumba à destruição, uma vez que o próprio sujeito está implicado visceralmente na proteção e na geração da vida como na destruição ou na morte do outro.[5]

Amor como estima de si mesmo. Nesta perspectiva do amor-cuidado por outrem, abre-se espaço para pensar o amor por si ou amor de si, ou, caso se queira, é possível denominá-lo amor-estima de si. Amar é estimar-se a si mesmo, diria o filósofo franco-lituano Levinas, inspirado no Talmude

---

[5] LEVINAS, Emmanuel. *De otro modo que ser, o más allá de la esencia*. Salamanca: Sigueme, 1987. pp. 234-270.

(versão bíblico-ética da *Torah*). Segundo o Talmude, o eu que não cuida de si mesmo não encontra ninguém que cuide por ele. Mas acrescenta que se o eu cuida só de si, seria ele ainda ele mesmo? Esta formulação permite compreender que o amor-cuidado articula imediatamente amor-cuidado de si e amor-cuidado da alteridade. Entretanto, o cuidado do outro é indissociável do amor a si mesmo ou amor de si mesmo, porque do contrário o sujeito seria incapaz de amar por pura gratuidade; sempre esperando do outro que ele o completasse, uma vez que se sentiria carente ou, de outro modo, um sujeito que não se tem a si mesmo como objeto de "dileção" de seu querer ou sua vontade.

Portanto, o amor a si mesmo supõe que o sujeito seja livre e, como liberdade fundamental, seja capaz de escolher a si mesmo como ser livre e se realizar na liberdade. Isto significa que a "estima de si" não se identifica com o sentido vulgar da denominada autoestima, à qual se referem os livros de autoajuda. Ao contrário, a estima de si ou o amor a si ou ainda o amor de si mesmo está enraizado na visão do ser humano constitutivamente livre e capaz de "se escolher" em todo ato de escolha exatamente por ser um sujeito livre. Disso decorre que se o ser humano não exercita constantemente a liberdade, tomando-a como algo constituinte de sua humanidade, deixa de se estimar como tal ou deixa de querer-se como liberdade e, por conseguinte, deixa de se eleger, de se preferir, e acaba susceptível a que outros decidam por ele. Ora, ninguém pode escolher amar no lugar do outro. Enquanto capacidade de dileção ou preferência por si, o sujeito é chamado a amar-se na liberdade e a configurar sua identidade como escolha de si mesmo em toda escolha particular que realiza no cotidiano. Só graças à estima de si é possível estimar os outros, e não o contrário.[6]

---

[6] LEVINAS, *Totalidade e infinito*, cit., p. 154.

O amor-cuidado é algo que se impõe, sobretudo, por conta das descobertas científicas dos nossos dias. Hoje, mais do que nunca, a humanidade tem consciência de que tudo está numa correlação profunda. O ser humano e a vida ao seu redor estão interligados, numa grande "conexão cósmica". Essa é a tese do húngaro (1932) Ervin Laszlo, considerado o principal expoente da filosofia dos sistemas e da teoria geral da evolução:

> Num momento em que nossas sociedades transitam para um nível de interação e interdependência tecnológica, financeira, de produção e consumo e até mesmo de cultura e lazer, é fundamental que nossa consciência esteja infundida por esta nova imagem, pois nesta nova imagem a realidade é uma totalidade integral, composta de suas partes. Mas ainda mais que isto, nesta totalidade cósmica todas as partes estão constantemente em contato umas com as outras. Existe um contato constante, embora altamente sutil, entre as coisas que coexistem e coevoluem nesta totalidade; uma partilha dos laços e das mensagens que fazem do universo um oceano cósmico e interpenetrante.[7]

Como tudo está em conexão interpenetrante, o ser humano, enquanto ser inteligente, tem uma missão toda especial: cuidar da Vida em sua biodiversidade. A meu ver, isso só é possível por meio de um amor todo especial, intitulado aqui de "amor-cuidado". Essa missão se impõe como algo de vital importância para a sobrevivência não só da espécie humana, mas de toda forma de vida no planeta.

É urgente, portanto, uma mudança de mentalidade que reverta a lógica avassaladora do econômico, que se apodera dos recursos naturais a qualquer custo. Isso vem acontecendo desde a chamada "revolução industrial", que teve seu início

---

[7] LASZLO, Ervin. *Conexão cósmica*; guia pessoal para a emergente visão da ciência. Petrópolis: Vozes, 1999. p. 74.

na Inglaterra, em meados do século XVIII. Continuar nessa lógica será a destruição da vida em escala planetária.

A Bíblia já adverte para a responsabilidade humana de assumir seu papel diante da criação. No poema da criação no livro do Gênesis, escrito há mais ou menos dois mil e quinhentos anos, a humanidade é apresentada como a criação por excelência; imagem e semelhança divinas (Gn 1,26-27). É chamada à fecundidade, que vai desde a dimensão sexual (procriação) à criatividade, utilizando a inteligência para submeter a terra (Gn 1,28), como quem tem as rédeas das forças da natureza, conhecendo (dominando) seus princípios naturais. A ciência é, portanto, algo positivo. Deve ser utilizada não para destruir a criação, mas para cuidar dela.

Cuidar da Vida, de si mesmo, do outro, da comunidade e do ecossistema, respeitando-os e promovendo-os, é algo que, de muitos modos, entra em rota de choque com a lógica do sistema econômico vigente. Por isso, a meu ver, não basta boa vontade. É necessário desenvolver uma espiritualidade por meio do "amor-cuidado".

No livro de Oseias (4,1-3), essa intuição pode ser encontrada na relação entre "conhecimento de Deus" (amor a Deus) e respeito pelo outro nas relações sociais (comportamento ético) que têm consequências ecológicas, em escala planetária? Para Oseias, um dos profetas da Religião do Antigo Israel, parece que sim. Pelo menos é o que se pode observar a partir da leitura atenta de um de seus oráculos. Para Oseias, "conhecimento de *elohim* (Deus)" supõe proximidade e familiaridade com a vontade divina, fonte inspiradora para a vida comunitária em Israel. O "conhecimento de Deus" ocupa o lugar que outras expressões religiosas atribuem ao respeito ou temor de Deus (que falta em Oseias): "Porque é amor que eu quero e não sacrifício, conhecimento de Deus mais do que holocaustos" (Os 6,6). Cultivar o conhecimento, o afeto e a fidelidade a Deus equivale a manter-se em ligação com a Vida, cuidar do precioso dom da vida em todos os níveis, desde a relação interpessoal até a relação socioambiental e ecossistêmica, em escala planetária. Por outro lado, a ausência do conhecimento de Deus (Os 4,1) significará a destruição de tudo, desde o esfacelamento das relações humanas em sociedade (Os 4,2) até a destruição do ecossistema (Os 4,3).

É tempo de conversão, de mudança de atitude. Por meio do amor-cuidado, que se inspira numa mística de comunhão com o universo, podemos chegar a uma atitude de profundo respeito para com a "lógica da casa" (ecologia), desde a ecologia interna, que é a unidade profunda da pessoa, até a sentir que todas as coisas estão, de alguma forma, em continuidade com nosso próprio corpo.[8]

Muitos místicos cristãos, ao longo destes dois mil anos de Cristianismo, fizeram tal experiência de amor para com a Vida, fruto de profunda contemplação. Como exemplo, citemos dois: Francisco de Assis e Inácio de Loyola.

São Francisco (1182-1226), no Cântico do Irmão Sol (Cântico das Criaturas), de sua autoria, assim expressou seu "amor-cuidado" pela Vida em suas múltiplas formas, louvando a Deus por todas as suas criaturas a quem, delicadamente, chamou de irmãos e irmãs, sentindo-se em profunda ligação umbilical com tudo e com todos:

> *Altíssimo, onipotente, bom Senhor*
> *Teus são o louvor, a glória, a honra*
> *E toda a bênção.*
>
> *Só a ti, Altíssimo, são devidos;*
> *E homem algum é digno*
> *De te mencionar.*

---

[8] SOARES, Sebastião Armando Gameleira. In: Apresentação. BARROS, Marcelo. *O espírito vem pelas águas (Bíblia, espiritualidade ecumênica e a questão da água)*. São Leopoldo: CEBI; Goiás: Rede, 2002. p. 15.

Louvado sejas, meu Senhor
Com todas as tuas criaturas,
Especialmente o senhor irmão Sol,
Que clareia o dia
E com sua luz nos alumia.
E ele é belo e radiante
Com grande esplendor:
De ti, Altíssimo, é a imagem.

Louvado sejas, meu Senhor,
Pela irmã Lua e as Estrelas,
Que no céu formaste claras
E preciosas e belas.

Louvado sejas, meu Senhor,
Pelo irmão Vento,
Pelo ar, ou nublado
Ou sereno, e todo o tempo,
Pelo qual às tuas criaturas dás sustento.

Louvado sejas, meu Senhor
Pela irmã Água,
Que é muito útil e humilde
E preciosa e casta.

Louvado sejas, meu Senhor,
Pelo irmão Fogo,
Pelo qual iluminas a noite,
E ele é belo e jucundo
E vigoroso e forte.

Louvado sejas, meu Senhor,
Por nossa irmã a mãe Terra,
Que nos sustenta e governa

*E produz frutos diversos
E coloridas flores e ervas.*

*Louvado sejas, meu Senhor,
Pelos que perdoam por teu amor,
E suportam enfermidades e tribulações.
Bem-aventurados os que as sustentam em paz,
Que por Ti, Altíssimo, serão coroados.*

*Louvado sejas, meu Senhor,
Por nossa irmã a Morte corporal,
Da qual homem algum pode escapar.*

*Ai dos que morrerem em pecado mortal!
Felizes os que ela achar
Conformes à tua santíssima vontade,
Porque a morte segunda não lhes fará mal!*

*Louvai e bendizei ao meu Senhor,
E dai-lhe graças,
E servi-o com grande humildade.*[9]

    Este poema surgiu da experiência de um homem que, durante toda sua vida, trabalhou, lutou, sofreu para que houvesse um pouco mais de fraternidade entre as pessoas e para que aparecesse, enfim, na sociedade de seu contexto histórico, a humanidade segundo o projeto de Vida do Deus da Bíblia. Nos séculos XII-XIII, vivia-se a idade de ouro dos comerciantes na Itália e em alguns países da Europa. Para as pessoas dessa época, isso significava desenvolvimento e prosperidade das cidades, libertação das comunas e relaciona-

---

[9] SÃO FRANCISCO DE ASSIS. *Escritos e biografias de São Francisco de Assis*; crônicas e outros testemunhos do primeiro século franciscano. Petrópolis: Vozes, 1981. pp. 70-72.

mento social mais livre. Mas não tardou a significar também dominação das cidades pelo dinheiro, exploração dos mais fracos pelos mais ricos, exclusão de certas categorias, lutas e ódios entre os maiores (os mais ricos) e os menores (os mais pobres). É diante deste mundo mercantil, onde já reina o espírito capitalista, que se eleva o cântico de Francisco. Sob o aspecto da candura e da admiração, esse cântico é, ao mesmo tempo, um protesto e um apelo a uma superação. Francisco e seus companheiros viveram essa superação. No seguimento de Jesus pobre e humilde, recusaram o poderio do dinheiro. Renunciaram a se apossar do mundo e das suas riquezas, a se colocarem acima dos outros, dominando-os. Neles, o olho e todos os sentidos se tornaram humanos. Aprenderam a olhar o cosmos e tudo o que está na natureza com simplicidade e cortesia. Deixaram de vê-los sob o ângulo de seu valor de venda, para considerá-los como criaturas de Deus, dignos de atenção em si mesmos. Assim descobriram o esplendor do mundo, o esplendor das coisas simples. Seu olhar se deteve, maravilhado, nas realidades mais humildes, mais cotidianas, que eram companheiras de sua vida de pobres: o irmão Sol, a irmã Lua e as Estrelas, o irmão Vento, a irmã Água, o irmão Fogo, a irmã e mãe Terra... Como era bela esta terra, vista para além de toda ambição e de toda vontade de poder! Deixava de ser um campo de luta para tornar-se o lugar da grande fraternidade dos seres: "Nossa irmã a mãe Terra".[10]

Inácio de Loyola (1491–1556) fez a experiência e ensinou seus discípulos a fazer os Exercícios Espirituais. Trata-se de um modo de se retirar para exercitar a vida espiritual, por meio da oração e da contemplação, a partir de textos da Bíblia, que vão desde a Criação do mundo (no Antigo Testa-

---

[10] LECLERC, Eloi. *Francisco de Assis*; o retorno ao Evangelho. Petrópolis: Vozes, 1983. p. 118.

mento) à Redenção de Jesus Cristo (no Novo Testamento). No "Princípio e Fundamento" dos seus "Exercícios Espirituais", Inácio ensina que:

> O homem é criado para louvar, reverenciar e servir a Deus, e assim salvar a sua alma. E as outras coisas sobre a face da terra são criadas para o homem, para que o ajudem a alcançar o fim para que é criado... De tal maneira que, de nossa parte, não queiramos mais saúde que doença, riqueza que pobreza, honra que desonra, vida longa que breve, e assim por diante em tudo o mais, desejando e escolhendo apenas o que mais nos conduz ao fim para que somos criados.[11]

Temos aqui, portanto, um excelente itinerário de fé cujo aprofundamento se dá por meio do desenvolvimento de uma mística do amor ao Deus Criador, que se expressa concretamente no cuidado (serviço amoroso) para com todas as criaturas. Nisso consiste a finalidade para a qual o ser humano foi criado.

---

[11] SANTO INÁCIO DE LOYOLA. *Exercícios espirituais*. São Paulo: Loyola, 1985. EE Anotação 23, p. 28.

Considerações finais

Toda forma de amar é necessária, e necessita de cuidados

O amor, em suas múltiplas formas, é excelente antídoto à violência, num mundo marcado pela banalização do mal. Mas o amor necessita de cuidados para que não seja adulterado, estragado, e chegue a perder a própria essência... Uma vez adulterado, aquilo que era amor se transforma em sentimento desordenado, que pode causar sofrimento, violência e morte.

Não é à toa que o sexto Mandamento da Lei de Deus tem como imperativo o "Não cometerás adultério" (Ex 20,14; Dt 5,18). No contexto patriarcal, isso se transformou num legalismo religioso duramente aplicado contra a mulher, exigindo dela fidelidade e submissão ao marido. Mas o sentido do Mandamento pode muito bem ser aplicado às múltiplas formas de amor.

O amor *agape*, amor incondicional, para não perder a sua essência, tem uma condição fundamental: que a pessoa se ame também, na mesma intensidade que ama a outrem. Nos Evangelhos, isso está bem claro. Segundo uma narrativa de Marcos (12,28-34), presente também em Mateus (22,34-40) e Lucas (10,25-28), Jesus atrela o amor a Deus ("Amarás a Iahweh teu Deus com todo o teu coração, com toda a tua alma e com toda a tua força", cf. Dt 6,5) ao amor para com o próximo, com um adendo que passa às vezes despercebido (Lv 19,18b: "Amarás o teu próximo *como a ti mesmo*"). Há pessoas que amam demais, esquecendo-se de si mesmas. Isso pode levar à autodestruição.

O amor *philia*, por outro lado, não deve ser confundido com o amor *eros*. Pode até se transformar no amor *eros*, o que é interessante para se construir o amor conjugal. Contudo, confundir *philia* com *eros* pode estragar uma bela amizade.

As mulheres, sobretudo, têm muita capacidade para discernir sobre esses dois amores.

O amor *eros*, por sua vez, não deve se reduzir apenas à dimensão meramente sexual, pois, como vimos acima, abrange a sexualidade humana como um todo. Hoje, mais do que nunca, é necessário ter clareza sobre o amor à dimensão profunda do amor *eros*, numa cultura em que o erotismo está estampado em toda parte, inclusive nas diversas mídias por meio da propaganda, veiculada com o intuito de atrair a atenção do consumidor para produtos dos mais diversos, desde um carro até uma cerveja.

O amor conjugal, segundo muitos, está em crise. Isso pode até ser percebido em dados estatísticos, observando o número crescente de divórcios... Contudo, o que está em crise mesmo pode ser a falta de respeito pelos sentimentos de amor, a falta de afeto e de compromisso com a pessoa do outro. É uma crise das relações humanas, em que tudo – pela lógica do neoliberalismo econômico – foi reduzido à trilogia do comprar, usar e descartar...

O amor de parentesco também precisa de cuidados. Sobretudo em nossos dias, em que as famílias estão reduzidas a poucos membros, assim mesmo espalhados pelos quatro cantos da terra, as relações de amor familiar causam muitos traumas: desde o sofrimento pela distância, até o simples esfriamento do amor. Pais e mães abandonados pelos filhos; irmãos consanguíneos que nem se falam e gradativamente se afastam; parentes que se desconhecem, tudo isso leva a crescente nível de solidão, sobretudo na fase do envelhecimento...

O amor de companheirismo, tão importante nas relações interpessoais, sofreu forte influência negativa – ao longo de décadas – por conta da famigerada competição no mercado de trabalho. Contudo, graças aos estudos da moderna administração, o mundo corporativo percebe, cada vez mais, a importância de se investir nos recursos humanos, valorizando as relações no mundo do trabalho por meio do respeito pela capacidade profissional do colega, bem como pela promoção dos seus valores, por meio de uma capacitação contínua. Até a competição é bem-vinda, no sentido de que todos devem empenhar-se, influenciando-se mutuamente, tendo em vista a excelência do desempenho empresarial.

Por fim, o amor-cuidado se impõe como algo extremamente necessário em nossos dias, diante da devastação causada pelo ser humano no ecossistema, há séculos. Todos os estudiosos sensibilizados com isso afirmam que – apesar de tudo – ainda há tempo para mudança de comportamento. É fundamental cultivar o amor pela Vida, no sentido pleno da palavra. Todos os amores aqui mencionados têm seu clímax neste amor.

Referências bibliográficas

ABBAGNANO, Nicola. *Dicionário de Filosofia*. São Paulo: Mestre Jou, 1970.

BARBAGLIO, Giuseppe. *As cartas de Paulo (I)*. São Paulo: Loyola, 1988.

BENETTI, Santos. *Sexualidade e erotismo na Bíblia*. São Paulo: Paulinas, 1998.

BÍBLIA DE JERUSALÉM. Nova edição, revista e ampliada. São Paulo: Paulus, 2002.

BLANK, Christiane. Casal, matrimônio e família na integração com a sociedade atual. In: Ética cristã da sexualidade. *Vida Pastoral*, São Paulo: Paulus, n. 275, 2010.

BOFF, Leonardo. *A águia e a galinha*; uma metáfora da condição humana. Petrópolis: Vozes, 1997.

_____. *Saber cuidar*; ética do humano – compaixão pela terra. Petrópolis: Vozes, 1999.

BUENO, Francisco da Silveira. *Dicionário Escolar da Língua Portuguesa*. Rio de Janeiro: FAE, 1986.

CANTO-SPERBER, Monique. Amizade. *Dicionário de ética e filosofia moral*. São Leopoldo: Unisinos, 2003. vol. 1.

COMTE-SPONVILLE, André. *Pequeno tratado das grandes virtudes*. São Paulo: WMF/Martins Fontes, 2009.

LACROIX, Xavier. *O corpo de carne*; as dimensões ética, estética e espiritual do amor. São Paulo: Loyola, 2009.

LASZLO, Ervin. *Conexão cósmica*; guia pessoal para a emergente visão da ciência. Petrópolis: Vozes, 1999.

LECLERC, Eloi. *Francisco de Assis*; o retorno ao Evangelho. Petrópolis: Vozes, 1983.

LEVINAS, Emmanuel. *De Deus que vem à ideia*. Petrópolis: Vozes, 2002.

LEVINAS, Emmanuel. *De otro modo que ser, o más allá de la esencia*. Salamanca: Sigueme, 1987.

_____. *Ética e infinito*. Lisboa: Ed. 70, 1982.

_____. *Totalidade e infinito*. Lisboa: Ed. 70, 1988.

LISPECTOR, Clarice. *A descoberta do mundo*. Rio de Janeiro: Nova Fronteira, 1984.

MACKENZIE, John L. *Dicionário Bíblico*. São Paulo: Paulinas, 1984.

MATEOS, Juan; CAMACHO, Fernando. *Evangelho, figuras e símbolos*. São Paulo: Paulinas, 1991.

PINTO, Ênio Brito. Sexualidade e ética: um olhar psicológico. In: Ética Cristã e Sexualidade. *Vida Pastoral*, São Paulo: Paulus, n. 275, 2010.

PONTIFÍCIO CONSELHO "JUSTIÇA E PAZ". *Compêndio da Doutrina Social da Igreja*. São Paulo: Paulinas, 2005.

RICOEUR, Paul. Abordagens da pessoa. In: *A região dos filósofos*; leituras II. São Paulo: Loyola, 1996.

SANTO INÁCIO DE LOYOLA. *Exercícios espirituais*. São Paulo: Loyola, 1985.

SÃO FRANCISCO DE ASSIS. *Escritos e biografias de São Francisco de Assis*; crônicas e outros testemunhos do primeiro século franciscano. Petrópolis: Vozes, 1981.

SHÖKEL, Luís Alonso. Introdução ao livro Cântico dos Cânticos. *A Bíblia do Peregrino*. São Paulo: Paulus, 2002.

SOARES, Sebastião Armando Gameleira. In: Apresentação. BARROS, Marcelo. *O espírito vem pelas águas (Bíblia, espiritualidade ecumênica e a questão da água)*. São Leopoldo: CEBI; Goiás: Editora Rede, 2002.

STEGEMANN, Ekkehard W.; STEGEMANN, Wolfgang. *História social do protocristianismo*: os primórdios no judaísmo e as comunidades de Cristo no mundo mediterrâneo. São Leopoldo: Sinodal; São Paulo: Paulus, 2004.

THEISSEN, Gerd; MERZ, Annette. *O Jesus histórico*; um manual. São Paulo: Loyola, 2002.

VALLES, Carlos G. *Viver em comunidade*; sonho e realidade na vida religiosa. São Paulo: Loyola, 1987.

Endereços eletrônicos

JOÃO PAULO II. Exortação apostólica *Familiaris consortio*, 18. Disponível em: < http://www.vatican.va/holy_father/john_paul_ii/apost_exhortations/documents/hf_jp-ii_exh_19811122_familiaris-consortio_po.html >. Acesso em: 02 mar. 2011.

< http://letras.terra.com.br/chico-buarque/45181/ >. Acesso em: 20 fev. 2011.

< http://www.antoniomoser.com/site/index.php?option = com_content&view = article&id = 46&Itemid = 27 >. Acesso em: 17 fev. 2011.

< http://www.antoniomoser.com/site/index.php?option = com_content&view = article&id = 59:licoes-de-sexualidade-em-casa&catid = 34:artigos&Itemid = 41 >. Acesso em: 17 fev. 2011.

< http://tron.com.br/reillyrangel/2010/02/coopeticao-a-supremacia-da-cooperacao-no-mundo-dos-negocios/ >. Acesso em: 20 fev. 2011.

Sumário

Prefácio 5

Introdução 9

1. Amor *agape*: o amor incondicional 11
2. Amor *philia*: amor amizade 19
3. Amor *eros*: desejo vital pelo outro 25
4. Amor conjugal 33
5. Amor de parentesco 39
6. Amor de companheirismo 45
7. Amor-cuidado: amor para consigo mesmo, para com o próximo e para com a vida 51

Considerações finais 63

Referências bibliográficas 67

Impresso na gráfica da
Pia Sociedade Filhas de São Paulo
Via Raposo Tavares, km 19,145
05577-300 - São Paulo, SP - Brasil - 2013